# Telúrico Lunático

Rogério Brito Correia

26 DE ABRIL DE 2018
EDITORA DO CARMO
BRASÍLIA-DF

© Copyright by Rogério Brito Correia 2018
Programação Visual Evan do Carmo
Arte da capa: Evan do Carmo
Revisão: Iranete do Carmo

M475m Correia, Brito Rogério

Telúrico Lunático / Rogério Brito Correia – Brasília:

Editora do Carmo, 2018.

60 p. 14x21 cm. ISBN 978-85-924126-8-5

1. Literatura brasileira - poesia. 1. Poesia brasileira. I. Título.

CDU: 821.134.3(81)-1

-------------------------------------------------------------------------------------

**Rogério Brito correia**

Poeta da cidade de Itiruçu, cidade do interior da Bahia. Reside atualmente em Guarulhos. Filho de José Santos Correia e Antônia Brito Lago, décimo segundo filho da família de 14 irmãos.
Faz parte da **Curadoria do Prêmio Guarulhos de Literatura.**
Autor do livro de poesia **Cangalha Escangalhada** (2013 Gerúndio Edições)
Coordenador do **Sarau do Castelo Hanssen** na **Casa dos Cordéis** em Guarulhos.
Participação na peça **Fala Sério Tia** de **Osvaldo Alves**
Membro e fundador **Grupo Olh'arte de Literatura** onde foi lançado o **Caderno Literário Catástrofe** com os integrantes do grupo: Vinicius Gonçalves de Andrade, Mauricio Del Manto, Anderson Alexandre Ávila, Francisco Marques, Jean Narciso Bispo Moura, Andréia Soares e Ana Cristina.
Ministrou a oficina: **Exercício Poético** com o poeta **Vinicius Gonçalves de Andrade.**
Ganhador do primeiro Concurso Literário "**A Palavra em Prisma**"
Participa do segundo e terceiro "**Congressos Municipal: A Língua Diversificada Junto à Dinâmica das Línguas Naturais**" realizado no **Anfiteatro de História da Faculdade de Filosofia e Ciências Humanas da Universidade de São Paulo.** Organizado pelo professor e linguista **Jairo Galindo.**
Participa do "**III Fórum Mundial de Educação na discussão de Educação pela Autogestão**".
Participação do projeto de Bosco Maciel "**Vida e Obras dos Poetas Nordestinos**" e "**Vida e Obra dos Poetas Guarulhenses**" na **Casa de Cultura Água e vida.**

# Sumário

*Nota do Editor*

*Muitos livros passam despercebidos do editor, especialmente neste mundo corrido e egoísta, em que pessoas comuns são tão narcisistas quanto são os artistas, e, às vezes, mesmo eu, que tenho muito respeito pela obra dos outros, não raro também falho em perceber o que tenho em mãos para editar.*

*Contudo, há casos em que não podemos calar diante da beleza de um livro de poemas como este Telúrico Lunático de Rogério Brito Correia. Tive, portanto, que ler esta obra, primeiro devido à provocação sutil de um poema, em que o poeta fala de um autor por quem tenho verdadeira "veneração". Lendo este e outros poemas, fui levado a ler a obra inteira. Então aconteceu o que chamo de encantamento e admiração inconfessáveis, para alguns poetas, admitir que há além de si mesmo alguém que faz boa poesia atualmente, é neste belo e singelo momento em que o poeta se rende ao zelo, compromisso e maestria de um colega.*

*Aqui está um livro especial, pela sua musicalidade incomparável, sua riqueza de linguagem, e sobretudo pela maturidade da poesia, que encanta a leigos e eruditos. Foi um deleite sem igual, ler este livro com bastante atenção. Eu o li atento às fontes e raízes do poeta Rogério Brito. Ele nos apresenta sutilmente as suas influências clássicas, como Rimbaud, Nietzsche, Baudelaire, e os nossos poetas nacionais, como Manoel de Barros, Drummond, Bandeira e outros.*

*Digo que para quem ainda não leu, Telúrico Lunático é um livro para se ter em mãos, quiçá na cabeceira, pois neste mundo de tantas escritas inúteis, achar algo de valor como este livro deve ser realmente um prodígio do acaso.*

*Evan do Carmo 11/06/2018*

# *Prefácio*

## *A poesia tem seus fascínios, por Jean Narciso Bispo Moura*

*A poesia tem seus fascínios, nos faz enxergar para além da coisa material, leva-nos a outra dimensão por intermédio do seu transporte maior a palavra-imaginação.*

*Neste olhar de magia e poesia, conheci vários poetas: Rogério Brito Correia, Vinicius Gonçalves de Andrade, Andreia Soares, Mauricio Del Manto e Francisco Marques, num encontro literário realizado na biblioteca Monteiro Lobato, em Guarulhos, naquele antológico espaço nasceu em nosso âmago uma amálgama, um quase utópico querer de provocar, contudo, não sabíamos como e nem de que modo faríamos para atingir o nosso ímpeto.*

*O tempo só observou imparcialmente o trajeto rotineiro dos ponteiros, é nós estávamos ali sem temer, encarando a fúria interna e psicológica de possivelmente não ter asas para alcançar voos de média e longa distância: éramos vozes desconhecidas que ecoavam do fundo de um poço - também desconhecido.*

*Desse modo, na maior cidade de São Paulo, em Guarulhos, calculávamos sem ter fita métrica do destino, que faríamos alguma coisa em prol da boa literatura.*

*Era noite, saída de um sarau, momento em que bradávamos ali os nossos secretos dizeres, uma espécie de ato devocional do grupo literário Olh'arte. Rogério, uma geração a frente da maioria, sempre gregário e conselheiro, trazia sempre a fala sábia e conciliadora para assistir os nossos encontros.*

*Depois de muitas leituras e diálogos sobre o papel do grupo Olh'arte e o seu quinhão contributivo à poesia contemporânea, uma infinidade de questões ainda sem a iluminada resposta, foi arquivada e desarquivada pela recalcitrante interrogação.*

*Aqui estamos deitados no grande lençol, olhando sem grandes paixões o azul atmosférico e carbônico do nosso tempo, e colecionamos pequenos e fajutos fragmentos sem as possíveis respostas ansiolíticas que descansaria a nossa jornada, continuamos caminhando.*

*Enfim, estamos em 2018, a força atrativa e centrípeta dos primeiros dias de jornada ainda vive, observo que a nossa antiga fotografia hoje abriu espaço para preencher de borrão-vazio as recentes fotografias.*

*Agora aqui contabilizando os ganhos e perdas do Olh'arte, sentindo-me um contabilista imaterial de nossos investimentos literários, momento em que me deparo com um grande saldo, um livro de poesia do Rogério Brito Correia. Neste instante, o passado invade a minha escrivaninha e recobra em mim cada palavra, os sonhos e as anunciações que outrora objetivávamos.*

*Jean Narciso Bispo Moura, poeta e editor da Revista Digital Literatura e Fechadura, autor do livro "Retratos imateriais, 2017.*

## Telúrico Lunático

Eu vim de terras incongruentes
Eu vim de amores fugazes
Incapazes de ser pragmáticos
Pode ser que fui telúrico
Pode ser que fui lunático
Pode ser que fui prosaico
Pode ser que fui poético
Muitas vezes catastrófico.

Eu vim de terras insólitas
Eu vim de família católica
Conduta sempre ortodoxa
Pode ser que fui impoluto
Pode ser que fui herege
Pode ser que fui cismático
Pode ser que fui enérgico
Para que eu tivesse mérito.

Eu vim de terras de catedráticos
De ideias, por vezes antagônicas
Pode ser que fui dinâmico
Pode ser que fui maléfico
Pode ser que deixei dúvidas
Não sou forte em retórica
Sou mais ou menos em gramática
Mas sou fraco mesmo em lógica.

Eu vim de terras áridas
Mas trago uma veia poética
Não escrevo em decassílabo
Mas não sou monossilábico
Pode ser que fui metafórico

Pode ser que fui dialético
Tantas vezes sendo lírico
Outras vezes fui esdrúxulo
Para não dizer que sou excêntrico.

## Navalha Velha

Anavalhar palavras
Navalha velha.
Eu não valho o que escrevo
Que eu valha minha lavra.
Eu me ralho porque falho
Palavras catarse da alma.

A palavra:
Minha navalha
Meu apego, minha mortalha.
Meu subterfúgio, minha falha.
Que endossa um ser canalha
 Tanto ajuda como atrapalha.

Palavra:
Meu purgatório, minha sarna
Um banquete de migalhas
Meu descanso e minha cangalha
Meu sacrilégio, minha batalha.

Navalha velha corta carne
A palavra que discerne
Vai o homem e ficam os vermes
O sangue coagula
A mente, os olhos, os dentes já não sentem mais nada.
A palavra tão falada está calada
O que sobrou da palavra foi prosa e poesia
Navalha velha não se fia nem afia.

**Eu**

Eu ardo
Eu tardo
E nunca caibo
Num pensamento único.
Eu principio
E findo
Eu afago
E afogo
Nas minhas impossibilidades.

## Duelo

O papel
Branco, bravo!
Cobra-me uma ação.
Eu fico inerte...
Tenho vontade de rasgá-lo, golpeá-lo!
Mas, meu oponente...
Por que tu me provocas?
Chamando-me de omisso.
E eu no auge da minha fúria
Grito:
Vai se lascar...
Submisso.

## Não me venha com Eça

Não me venha com Eça, Amado
Senão eu lhe meto o Machado!
Eu não estou aqui para qualquer Pessoa.
Se Ramos já me convém. Por que me trouxeste Rosa?
É de Guimarães ou de Luxemburgo?
De Barros fazemos poema!
Levanta-te, traz tua Bandeira
Que os Anjos estão chegando.

## Rimbaud é fogo

Eu queria queimar meus escritos
Assim como fez Arthur Rimbaud!
Mas vi que não vale a pena
Por que o fogo de Rimbaud:
É fogo-fátuo
O meu é fogo-fraco.
Eu queria queimá-los em fogueira ardente
Tal qual o fogo infernal de Arthur.
O fogo de Rimbaud é fogo-farto
O meu é fogo-lânguido.

Rimbaud queime tudo
Não deixem que conheçam
A sua "Estadia no Inferno"
Inferno não fictício:
Inferno de fogo
Inferno de sede
Inferno de fome
Inferno de privações e outras coisas mais.
Rimbaud não deixe
Que ninguém conheça
Suas fraquezas, suas dores, suas tormentas,
Sua "Canção da mais alta torre"
Sua falta de religião.
Queime Rimbaud!
Queime, queime...
Queime que eu não sei queimar.

## Que Haja Flores do Mal

Há flores do mal que vem para o bem
Há flores do mal que não vem a matar
Às flores do mal que os beijos retêm
Há flores da morte que não chega secar.

Há tanto "maldito" que chega a ser bom
Tem bendito que causa repugnância.
Trago-lhe vinho, verso, ópio e o som
E as flores da minha extravagância.

Eu te trago as flores mais libertária
Com o perfume da melancolia.
O que restou foi à treva, à morte e à avaria
Trazendo à mística e mais negra energia.

Às flores do tumulo te deixo e agouro
Não choreis em vão à morte alheia!
Não creditais, pois sou um sumidouro
Sangue verminoso corre na veia.

Parto, e deixo às flores subversiva
Ficam obscenidade cor de carmim
Deixo meu paraíso artificial
Deixo o mais impalpável que há em mim.

Que haja flores da incoerência
Fica esse lúgubre testamento
Deixo minha soberba e impotência.
Boêmia, verso, luto e lamento.

## Confissão

Eu que não sou
Nem pretendo
Eu que não busco
Eu invento
Eu não me meto na vida alheia
Mas não fico alheio à vida dos outros.
Eu que não guardo segredo
Porém não revelo tudo a ninguém
Eu que não nego pecado
Entretanto, não confesso tudo ao santo padre
Eu que não sou Augusto nem Pessoa
Minha alma neles ressoa
Eu que não canto a loa dos condenados
Eu que não condeno e nem liberto
Eu que não remedeio
Apenas recomendo o irremediável
Eu que não grito e nem calo
Só falo o que interessa
Eu que não sou o todo e nem a metade
Sou apenas o que me cabe nessa parte
E é o que me basta.

## Interior universalizado

Eu queria fazer um poema
Não para que minha mãe se reconheça
Não para que meus pares se reconheçam
Não para que meus familiares se reconheçam.
Quero um poema intrínseco
Que no mínimo eu me reconheça.

**A outra dimensão é logo ali**
(A Flávio Correia meu sobrinho, in memória).

Quando tu partiste para a eternidade
Deixou nossos corações imperativos
Cheio da mais pura saudade
Olhando aquela foto com um olhar contemplativo.

O quanto tu foste bom, verdadeiro e amigo!
O quanto foste querido entre todos nós
No nosso coração terás abrigo
E sempre a lembrar de tua voz.

Às vezes achamos o mundo injusto
E que Deus não esperou a hora certa
Queremos entender a todo custo!
Deus, por que deixaste à porta aberta?

Por que a vida de fato é passageira?
Se ainda não estamos preparados para a morte
Deixe-nos viver a vida por inteira!
Deixe-nos guiar nosso transporte!

Tu que foste e nem se quer avisaste que ia
Não devias ter indo depressa assim
Eu por mim, de volta te quererias,
Permanentemente: uma história sem ter fim.

Sei que tu deixaste a semente
Que crescerá e se multiplicará
E bons frutos darão para sempre
E para sempre tu viverás.

Sei que tua alma transcende
E transcendendo fica teu sorriso,

É como o fogo da fogueira que acende
E acendendo com fulgor nosso abrigo.

A outra dimensão é logo ali
Tu que estás na luz do lado de lá,
Prepare a nossa estadia por aí
Que aqui sempre tua memória vai estar.

Fique em paz, na luz do nosso senhor.
O penhor é para sempre te recordar
"O senhor é nosso pastor
E nada nos faltará".

Deus teve seus planos, que do nosso foi diferente.
A tua alegria ainda a nos contagiar
A única certeza, aqui da tua gente
É que um dia a gente vai se encontrar.
A paz do senhor esteja contigo
Porque sempre seremos fraternos
O bom é saber que para familiares e amigos
Flávio, para sempre tu serás eterno!

**Anacoluto**
(Ao poeta e amigo Vinícius Gonçalves de Andrade)

Confessar uma coisa, agora vou
Provavelmente, não entenderão vocês?
Com seus olhos de furta-cor, não me olhes
Uma infâmia, confesso
É grave, o pecado
Punição, mereço, eu, sei não...
Cortar cabeça, minha, se tiveres que em público seja.
Jurisprudência, nunca houve
Piedade, peço não.
Mas eu confesso envergonhadamente:
Eu amo ser anacoluto!

**Ai de Ti, Itiruçu**
(Poema é dedicado ao amigo Dionísio de Jesus)


Ai de Ti, Itiruçu!
Que não elevas os teus poetas
Que não cumpre tuas metas
Mas, eu me meto na tua história.
Porque faço parte dela
Porque sou teu filho
Eu quero teu brilho
Carrego tua bandeira
Enalteço teu nome
E louvo as tuas tradições.

Ai de Ti, cidade minha!
A minha sina é carregar-te no peito
Como se não tivesse jeito
Trago-te como se portasse uma medalha.
Salve, salve cidade do sudoeste baiano
Morro Grande, nem por engano
Eu irei te esquecer.

Ai de Ti, Itiruçu!
Ai de Ti, ai de Mim, ai de Nós!
Que distância! Que Saudade!
A vida Saúda-nos, a vida ensina-nos:
A ser grande na nossa pequenez
A ser puro nas tabernas do mundo
A ser lúcido nos manicômios da pátria
A ser honesto no Palácio do Planalto Central.

Ai de Mim, Itiruçu!
Que faço tributo a distância
Que não bebo água do Beija-flor

Que não brinco nas tuas festas juninas
Que não rezo a Trezena de Antônio
Que não banho nas águas de tuas fontes
Que não jogo nos teus campos.

Ai de Ti, Itiruçu!
Se Tu soubesses quem Tu és.
E Tu nem sabes quem sou?
Talvez, eu seja um poeta frustrado
Um operário das ruínas
Um conivente das carnificinas
Aquele que carrega uma cangalha
Que está escangalhada.
Não quero ser impróprio
E não quero esculhambar
Com esse meu cântico de impropérios.

Ai de Mim, Itiruçu!
Com esse meu canto de vitupério
Com essa minha ausência de autenticidade
Esse minha predestinação irrelevante
Essa minha submissão à metrópole
Esse meu sentimento incompreensível
Com esse meu arrependimento mais do que tardio.
Esse meu tributo farsante
Se não fosse Dionísio de Jesus
Nada disso seria verdadeiro.

## Sublime verso

Meu melhor verso
Não chegou nas academias de letras
Nem cantaram em boca insossa de intelectuais
Não passou nos melhores concursos de poesias.
Não houve aprovação dos críticos
Não foi ovacionado pelo público

Meu sublime verso...
É aquele que ainda está submerso
E hei de manter-me disperso.

**Desconexo**

Está tudo desconectado
É tudo introspectivo
É tudo uma fila única,
Tudo, nada, não difere:
O que fere é uma faca cega
O que cega não é catarata
O que mata é o que não se come
O que conta é o extraordinário
O que servia já não serve mais
O que leio é o que me contamina
O que escrevo na medida certa
Certamente já não examinam
O que Minas quer dizer?
Libertas Quae Sera Tamer Tamer!
Liberdade! Liberdade!
Liberdade que tanto fala
Quando cala já não se remete
Se remediar fosse o remédio
Quantas vidas eu não tiraria?
Se o diabo não existisse
Deus teria pouca serventia.

Está tudo desconectado
É tudo introspectivo
Quanta vida foi desperdiçada?
Quanto sêmen foi jogado fora!
Vi descendo pelos ralos:
Médicos, advogados e poetas,
Se no livro do apocalipse Raul Seixas fosse o profeta
O fim do mundo seria mais divertido.

Está tudo desconectado
É tudo introspectivo
Ser poeta não é divertido
Ganhar dinheiro não é muito fácil,
Morrer não adianta nada
Penhorar à alma com o diabo é covardia
Dizem que ele cobra muito caro
Juros de cinquenta por cento ao dia.

Está tudo desconectado
É tudo introspectivo
Eu não sei de nada novo
E se soubesse não diria
Porque o novo só é novo
Quando rompe o que está posto
Na aurora de um novo dia.

**Tristeza**

Tristeza! Oh tristeza!
Que de mim toma posse.
Sei que lá fora existe um belo sol
Com um bonito arrebol
E cá dentro, uma escuridão
Que não se finda.

## Tempo

Tempero do tempo tem tanta saudade
Eu faço e desfaço dessas reminiscências
São tantos encontros, são tantas ausências
A fúria do tempo nos traz tempestade
A morte é certeira com o passar da idade
O tempo parece que quer me enganar
Eu luto contra o tempo, porque sei versejar
Lembrança do tempo em que eu era rapaz
Olhando o navio na beira do cais
Com cisma do tempo na beira do mar.

O tempo passado parece irreversível
Por isso aproveite o tempo da tua existência
Se alguém precisar de tempo, der assistência
O controle do tempo parece plausível
Se souber controlar, te tornas imbatível
O tempo está ruim, mas vai melhorar
Fui desafiado para uma peleja
Que tem pedra nas mãos que me apedreja
Sou duro na queda, não vou marejar
Com cisma do tempo na beira do mar.

Tem tempo tão claro e tem outros cinzentos
O tempo tem temperança e intempérie
O tempo não é jogo, nem filme, nem série
O tempo tange todo tipo dissentimento
Sabendo usar você tem seus proventos
O tempo é uma prestação que tenho a pagar
O melhor do tempo eu sempre almejo
O tempo é tudo igual, aqui e no Alentejo
Por isso que pago o custo sem titubear
Com cisma do tempo na beira do mar.

O tempo passado é um tempo irremediável
O tempo presente é o tempo que se conta
O tempo futuro sempre nos amedronta
O tempo tem uma fome insaciável
Porque a conta do tempo é sempre impagável
Todo tempo prazeroso é tempo de amar
Desejo que o tempo seja sempre menino
Daquele levado, ligeiro e traquino
Não mate seu tempo, para não se matar
Com cisma do tempo na beira do mar.

**Abnegado**


Tu não sabes o quanto sofro
Não creias neste meu sorriso infame!
Tu não sabes a dor que tem cá dentro
Não espere que uma lágrima derrame.

Quando esta dor não mais doer
Deve estar próximo a minha morte.
Não direis para mim, que sorte!
Coitado, parou de sofrer!

Por que queres minha dor findar?
Mesmo sofrendo, carrego meus espinhos
Essa minha dor se torna infindável
Enquanto houver poesia e o vinho.

Quando cessar meus olhos derradeiros
Tragas versos e vinhos para se embriagar
Não fales nada de meu legado
Nem venhas no meu túmulo chorar.

Eu carrego o meu padecer
Triste, como minha biografia
Só meu epitáfio irá me engrandecer:
"Aqui jaz um poeta e sua empáfia! "

## Conselho de um poeta

Quando tu fores escrever um poema:
Não se apresse.
Não se avexe por terminar
Não precisa findá-lo no mesmo dia
Ou na mesma noite
Deixe-o dormir
Descansar
Amadurar
Ou até mesmo se eternizar no esquecimento.
Não sejas inoportuno
Você é poeta
Com ou sem poesia no papel.

## Fogo-poético

O fogo afaga à febre que agora eu sinto
Às vezes falo a verdade, às vezes minto.
Embora não fosse um decreto
Tinham muitos predestinados
A queimar-se no fogo imprescindível
Fui narrando o indescritível:
Fui consumindo e consumido pelo fogo
Acenda-me fogo! Acenda-me
Incendeia-me fogo! Incendeia-me
Clareia-me fogo! Clareia-me.
O clarão se abriu na mata fechada
Corisco também não deu trégua
No céu era um facho incandescente
O sol nasceu de repente
No repente do meio do dia.
O fogo fez-se poesia
Querendo quem não queria
Queria quem era querido
O vento arrastou multidões
Gente saiu dos porões das profundezas da terra
Não era dia de guerra, nem dia de São João
Mas se ouviu tiro de canhão, saindo por todos os lados
O povo ficou assombrado
Com tanta luz néon
Não era dia do armagedom
Porém tudo queimava a flor da pele
Quem tem segredo, então que revele
Perante a nosso senhor
Perdoe-me se pecado for
Mas esse fogo não pode cessar
E nesse dia o fogo não se apagou
O sol não quis se pôr

Elevou-se ao maior dos seus graus
Perecia dia de carnaval
Mas era dia do fogo-poético.

**Entre à tocha e o atochar**

Prometheus roubou de Zeus
Entregou aos mortais, assim sucedeu.
A tocha meu bem,
atocha!

É hora da onça beber água:
Tem leões na arena, a onça não reina
A tocha meu bem, atocha!
A onça linda, tão linda
Que finda num final de tarde.
A tocha meu bem, atocha!
O povo pira na Pira?
Quem carrega o archote?
A tocha meu bem, atocha bem devagar
Mas não arrocha, senão a gente não vai aguentar.
A tocha meu bem, atocha.

## Ideologias de um partido

Eu faço parte de um Partido, partido ao meio.
Eu faço parte do Partido, partido sem recheio.

Um Partido dividido em partes
Um Partido, partido ao meio.
Uma parte do partido quer sua parte
E a outra parte, quer fazer parte da partilha.
Quando o outro partido quer abrir uma CPI:
Uma parte do partido é contra, e a outra parte não sabe e nem opina.
O presidente do Partido, que é repartidor das partes,
Logo que foi descoberto, toma sua posição:
"Eu nem sabia que o partido se partia em partes".

Eu que não sou mais partidarista
Particularmente parto desapontado:
Por que o partido é de ideologia passageira.
Parto com o coração partido
Porque parte do partido mercenário
E a outra parte vende a alma para o diabo.
E parto sem regresso;
Pois parto do princípio, que o Partido, partido em partes e partindo as partes,
Eu não faço parte.

Vou partido sem delongas e milongas
Porque o partido tem suas pendengas com o povo
Eu parto porque não compartilho de partido demagogo.

Revolta


Ser leitor
& eleitor
Eleger filho da puta...  (Com todo respeito as putas)
Que disputa
& computa seus votos
Como se fôssemos subalternos.
& revolto-me
Se der certo
Serei devoto
De Santo Daime
Livrai-me senhor
Dos maus políticos
Dos imbecis, dos desonestos
Dos infames, dos comedores de caviar.
Só não me livra dos "poetas malditos"
Bendizei Leminski
Sangue bom! Partirei por covardia.
"Vou-me embora pra Pasárgada".

## O amor e seus entremeios

O amo me deixou com receio
Não disse ao que veio
Nem por que veio
Nem de onde veio.
Se saiu pelo meio
Entre dois seios
Se saiu para o recreio
Se foi ao passeio
Vacilou, eu lanceio.

O amor veio com seu rebosteio
Enganou-me com seu lisonjeio
Contudo fez seu floreio
Fiquei em devaneio.
Se eu titubeio
Ele me pega em um veraneio.
Com o amor eu me aperreio
Já fiquei tanto tempo de escanteio
Ele veio com seu arrodeio
Por ele entrei em tiroteio.

O amor é fogo e bombardeio
O amor é bonito, não acho feio
Nem o encaro, só relanceio
Já perdi tanta coisa, até um torneio.
Tenho tantos anseios
Por isso, eu não o custeio
Às vezes até balanceio
Sei que loucura, por tanto falseio

O amor eu leio e releio
Às vezes me perco no seu fraseio
Não entendo, aí trapaceio

Com o amor eu sempre vadeio
Só não posso, é puxar-lhe o freio
Ele é simples, quando é alheio.

## Verdades e mentiras

Digo que não sou, sendo
E quem me disser que não,
Mente.

Digo que não quero, querendo
E quem me disser, não queira
Mente.

Digo que não vejo, vendo
E quem me disser, talvez,
Mente.

Digo que não peco, pecando
E quem me disser, iníquo.
Mente.

Digo que não minto, mentindo
E quem me disser, mentiroso,
Mente.

**Superego**

Uma coisa é o seu slogan
Outra coisa é o meu dilema
Uma coisa é o seu fogo
Outra coisa é o que me queima

Uma coisa é sua doença
Outra coisa é minha safena
Uma coisa é sua palavra
Outra coisa é minha teima

Uma coisa é sua prisão
Outra coisa é minha pena
Uma coisa é sua Tróia
Outra coisa é minha Atenas

Uma coisa é sua meia dúzia
Outra coisa é o meu seis
Uma coisa é suas duas quinzenas
Outra coisa é meu mês.

Uma coisa é o seu ser
Outra coisa é o ser eu
Uma coisa é seu superego
Outra coisa é o ego super meu.

## Os pedintes

A pele pede repelente
O pelo pede arrepio
A mente pede quietação
O pinto pede o pio
O beiço pede assovio

A faca pede um corte
O repente pede um mote
O criminoso pede o dolo
A criança pede choro
O coro pede canto
O santo pede uma reza

O político pede voto
O moralista pede pudor
O poeta pede paz
A puta que pede mais (ai)
O pau pede cupim
Você pedindo pra mim.

O juiz pede o apito
Time pedido grito
O padre pede fé
O pedinte pede café
Eu só peço para parar de pedir.

## Medida

À vida medida a minuto
O metro não mede à meta
À mídia não mede o mito
O santo não mede o manto
O cantor não mede o canto.
E eu que não meço nada!
Na medida que não meço
Não mereço ser medido
Nem de lado e nem de comprido.
E na ausência do ser suprido
Me sinto superior ao nada.
O homem nasce e é aferido
Quando morre a sete palmos
Não tem escolha é submetido.

## Último ato

Ela não queria mais voar
Não queria mais os ares.
Ele ainda a puxou com amabilidade.
Ela agonizante ainda rodopiava,
Bailava, no seu ato derradeiro.
Ele lamentou a perda e saiu sem remorso
Ela sufocou-se em seu instante final
Sentia o vento forte desfigurar sua seda.
O poste e seus emaranhados
Que não tinha sentimentos
Presenciou seu triste fim.

**Numerus clausus**

(Ao amigo Ricardo)

O que esperar da vida, quando tudo se esvai?
Quando tudo transcende...
À loucura cotidiana nos assola.
Um momento de transgressão
Alucinação embriagante
Solicitude em um homo sapiens.

Sapiência de quem viver mais:
Um momento presente
Um enobrecimento de vida
Amizade em sua plenitude
E tudo transborda
E tudo renova para transbordar de novo.

E amanhã como será?
Será sangue e lágrima!
Amanhã será benedictus
E não choraremos mais;
Nem lágrimas de sangue
Nem lágrima de crocodilo.

Não anunciaremos anjos e nem trombetas.
Só esperaremos um novo amanhecer:
Com o sol cálido! Com o vento brando!
Com a alma leve e o rosto lânguido!
Com o olhar doce e uma vida quase que perene!

O amigo é o que temos de mais sagrado
Mesmo quando tudo sangra
Mesmo quando tudo parece anacrônico
Mesmo quando a lembrança nos falhar

A amizade fica num cantinho restrito do cérebro

Embevecido nos encontraremos
E lembraremos estonteantemente daquela embriaguez
Naquela mesa com aquele grande amigo
A noite era simplesmente era um teatro
Onde não éramos coadjuvantes
O papel principal era nosso.

A noite é como uma ave de rapina
Aproveitaremos o momento ideal:
Brindaremos a vida vindoura
Brindaremos a liberdade
- E ainda há tempo hábil para mais um gole?
- Sim
- Mais não é um gole qualquer
Tem que ser um "Gole Generoso"

## À arte rica
(Ao poeta e amigo Osvaldo Alves)

Nada é mais claro
Do que a clareza de teus poemas
Nada é mais puro
Do que a pureza da tua arte.

Nada é mais beatificado
Do que a palavra que tu trazes
Nada é mais vero
Do que a veracidade de tua luz.

À tua arte é leve
Apesar do fardo pesado
Que tens que carregar.
À tua arte deixa mazelas
Mas não deves remediá-las.
À arte cura
Apesar das sequelas.

À tua arte faz rir, faz refletir;
Sobre as enfermidades do mundo.
Sobre o cotidiano
E sobre o que estamos fazendo vida.

À tua arte é rica
Mas não te enrica
E muitas vezes consomem
O pouco que tu tens
Mesmo assim você traz a arte
Como filosofia de vida.

À arte pela arte
À arte pela vida

À arte pelo simples fato de ser
À arte pelo simples fato de ser.

## Causa perdida

Amigo! Abrace a causa perdida
Deixe a dor doer! Vá lamber tuas feridas.
Reme! Reme contra à maré
Não sejas tu tão orgulhoso.
O mar está tão tenebroso
E tu estás se afogando em águas rasas.

**Da ânsia ao caos**

Não quero a presença da ânsia
Nem a ausência do caos
Não agouro a angustia
Nem me custa deseja-la.
Sou a paz no meu interior
Sou à dor que dói dentro de mim
Sou afim das coisas excêntricas
Sou à essência da palavra
Que se lavra em terra fértil
Sou à semente que brota, serena
Em noites amenas, eu paro e penso
Não posso semear palavra sem nexo
Apesar do desconexo que a vida me traz.
Só semeio palavras poéticas
Que presta a dar frutos.

Não acredito em todas verdades
Não que eu seja cético
Mas não há médico que possa curar
As moléstias deste mundo, imundo
Como a mente dos poderosos
Que guerreiam pela paz.
Quanta iniquidade!
Quanta incoerência!

A cada instante em que eu vivo
Descubro que o ser humano é uma fera
Um chacal que se revela
Você e eu fazemos parte bando.

**Estações**

Mais uma estação chegou,
Mais uma estação passou.
Mais um trem se foi
Outras flores virão.
Vi o sol se pôr tantas vezes
E nascer outras tantas,
Já tomei tanta chuva
O meu guarda-chuva
Já não guarda chuva alguma.
Quanta semente semeie
Para colher frutos temporão.
Quantas estações eu já passei:
Ora triste, ora alegre...
Ora num descarrilamento total.

## Cangalha Escangalhada II

Escangalhando a cangalha
Desestruturando as estruturas
Os estranhos imbecis vendem os seus dias para sobreviver
E sobrevivem na mais completa miséria.
Não tem vadiagem, não tem pilhéria
Eu sei que a vida é dura
A política não é séria
A polícia é corruptível
O salário é mínimo
E o discurso é antigo

Escangalhando a cangalha
Desestruturando as estruturas
Interpelando o inocente
Inocentando o culpado
O demônio toma posse
O povo bate palma
O indígena, o pobre, o preto, o bicha
Mas cedo ou mais tarde, vai ser lascado.

Escangalhando a cangalha
Desestruturando as estruturas
Os poderosos são impiedosos
E você, ainda acredita neles?
Com essa tua cara lavada
Com essa tua boca faltando dente
Com esse teu estômago desocupado
Com essa tua prestação a pagar
Com essa tua esperança messiânica
Com esse teu misticismo controverso.

Escangalhando a cangalha
Desestruturando as estruturas

Eles querem arrancar teus olhos
Lacrar tua boca e comer o teu fígado.
Abusar do teu sexo
Eles querem te empurrar goela abaixo
Uma vida burlesca
Que você comprou no capitalismo.

E é melhor não discutir
A melhora, se vier é pouca
Se quiser gritar, grite
Mas é muito arriscado
Agora, se quiser calar, cale-se
Mas se calar, é porque tem medo.

## Solilóquio de um Louco

Sabe?
Ora, ora não sei
Lutar é perigo
Inconscientemente
Livro-me dos pecados
Os dias vão e se vão
Quero mais esquecer
Um dia eu fui artista
Interior é bom para se viver
O que mata é o ordenado

De vez em quando eu bebo umas
Estar vivo já é sorte, o resto que se lave, se leve e se love.

Um psiquiatra uma vez me disse
Maluco, tu precisas se ligar! Eu só respondi:

Loucura, loucura, loucura!
O bicho ficou uma fera
Um poeta sozinho é doido,
Conversar consigo mesmo é loucura?
Os loucos disseram que é, mas não acredito muito não.

**Só Eu ou O faltar**
(Sobre um tema de Wagner Pires)

Todo mundo tem um grilo
Tudo mundo tem razão
Todo mundo tem um brilho
Todo mundo, uma paixão

Só eu, meu bem, que não
Só eu, meu bem, que não.

Todo mundo tem um charme
Todo mundo tem seu preço
Todo mundo tem seu dia
Todo mundo, um endereço

Todo mundo tem um carma
Todo mundo tem uma garra
Todo mundo tem sarna
Todo mundo, uma amarra

Todo mundo tem afeto
Todo mundo tem pudor
Todo mundo tem um teto
Todo mundo, um amor

Todo mundo tem navalha
Todo mundo tem tormento
Todo mundo tem uma falha
Todo mundo, um sentimento

Todo mundo tem uma farsa
Todo mundo tem vintém
Todo mundo tem uma face
Todo mundo, um alguém

Todo mundo tem um dono
Todo mundo tem uma gueixa
Todo mundo um patrono
Todo mundo, uma queixa

Todo mundo tem ferida
Todo mundo tem unguento
Todo mundo tem um tudo
Todo mundo, um momento

**Está aqui**

O salvador
Dali
Dalai
Lama
Do grude
Do grito
Do grilo
Da grana
Da cama

Eu sintetizo:
O coro
O canto
O Bento
O Banto
O Buda
O clero
O cravo
O Cristo
O credo
O Gandhi

Eu principio
Rodopio
Fico tonto
Aponto
As arestas
Da festa

O limbo
O lombo
Do lobo
Eu lambo

O salitre
O suor
O sangue
O sexo
O saber
O corpo
O enfeite
O deleite.

O dorso
O Grito
O salto
A seiva
A saliva
Sangro
Sinto
O beijo
Lácio
Laço
Amasso
A massa

A Missa
Eu rezo
Eu prezo
O riso
O rasgo
Eu rogo
Eu remoo
Eu raspo
O resto
Da chapa
Da chepa
Eu xingo
Eu choro

Eu chamo
Xangô

**A morte**
(Ao mestre e amigo Ari Rocha, in memoriam)

A morte caminha cega
Não se nega, nem se escolhe.
Não se encolha, nem se esconda
Quando ela faz ronda, o dedo aponta:
Se apronte para viagem
A paragem é logo ali
A bagagem, não se leva
Venha leve, só se lave espiritualmente.
Siga em frente: aquela dor já não se sente
Os seus entes condolentes
Se despedem melancólicos
Perguntando: e depois o que virá?
O que há do outro lado?
Vai para o céu, inferno ou purgatório?
Meus Deus, Que imbróglio!
Nessa vida foi poeta, bebeu à beça
Das mulheres foi amante
Amigos teve tantos
Inimigos se teve, não se sabe
Nele tudo sobra e tudo cabe.
Nessa vida teve o crivo, teve o credo e teve o cravo
Combateu, o combate do lado bom
Trouxe à luz, o verbo e o som
Saiu de cena, se despediu
Como se dissesse: vou ali, volto logo
Até amanhã.

## Posfácio

**Rogério Brito Correia** *é um daqueles baianos arretado! Compositor, apresentador de Sarau, curador do Prêmio Guarulhos de Literatura, enfim um Agitador cultural. Além disso é dono de uma grande voz na poesia guarulhense contemporânea. Os prêmios que recebeu do Palavra em Prisma, em 2002, de melhor autor e declamador é a síntese de seu rico trabalho e personalidade artística.*

*Seu segundo livro **Telúrico Lunático** traz as características mais marcantes de seu **Cangalha Escangalhada**, 2013, GerúndioEdições, mas também expande seu universo poético. O trabalho estético e sonoro concentrado no valor da palavra, nas assonâncias, nas aliterações, nas anáforas e verso retumbante.*

*Veja alguns versos, como exemplo, do poema que dá nome ao livro: Eu vim de terras insólitas/Eu vim de família católica/Conduta sempre ortodoxa/Pode ser que fui impoluto/Pode ser que fui herege/Pode ser que fui cismático/Pode ser que fui enérgico/Para que eu tivesse mérito. Perceba o ritmo marcante, os ecos estruturais que se assemelham ao **Ai se sesse**, de Zé da Luz, e na última palavra do verso predominantemente é proparoxítona.*

*É impossível não ler esses versos e não vir à mente a poderosa declamação de Rogério Brito Correia, como também é impossível desassociar a voz desse poeta e de sua poesia dos grandes clássicos do Cordel e da melhor poesia popular nordestina.*

*Neste **Telúrico Lunático** é possível reconhecer a melodia de voz áspera de seu solilóquio louco, como também o fogo poético que incendeia **Rogério Brito Correia***

**Fabiano Fernandes Garcez** *é poeta, crítico literário, autor de diversos livros de poesia, entre eles "Em Meios aos Ruídos Urbanos"*

editoradocarmo.com.br

editoradocarmo@gmail.com